हम जो नदियों का संगम हैं

(1990 से 1999 तक की कविताएँ)

हम जो नदियों का संगम हैं

बोधिसत्व

राधाकृष्ण प्रकाशन

ISBN : 978-81-7119-555-8

हम जो नदियों का संगम हैं

पहला संस्करण : 2000

This book is printed on **Print on Demand** Technology : 2024

मूल्य : ₹ 395

प्रकाशक

राधाकृष्ण प्रकाशन प्राइवेट लिमिटेड

जी-17, जगतपुरी, दिल्ली-110 051

शाखाएँ : अशोक राजपथ, साइंस कॉलेज के सामने, पटना-800 006

पहली मंज़िल, दरबारी बिल्डिंग, महात्मा गांधी मार्ग, प्रयागराज-211 001

1, अनमोल सोराबजी संतुक लेन, धोबी तलाव, मरीन लाइंस, मुम्बई-400 002

वेबसाइट : www.radhakrishnaprakashan.com

ई-मेल : info@radhakrishnaprakashan.com

HUM JO NADIYON KA SANGAM HEIN

Poems by Bodhisatva

अनूठी मेरी पत्नी
मेरी हिंसक प्रिया
आभा के लिए

क्रम

जाता हूँ

जबकि,
यहाँ 'सुख-सुविधा-आजादी' है भरपूर
सब कुछ लुभावना है, दुःख है सुदूर।

जबकि,
यहाँ यातनाएँ मोहक हैं, घर हैं, घास है,
विकराल खुशियों का फैला उजास है

जबकि,
मिथक हैं, प्रतीक हैं, बिंब विधान हैं
वेद हैं, स्मृतियाँ हैं, कुरान है, पुरान हैं।

जाता हूँ मैं
सुकोमल पदावलियों के बाहर, खाली हाथ
जाता हूँ, कवियो ! बेशऊर आँखों के साथ।

20.10.95

पूरब-पच्छिम

कोई मेरा पच्छिम है–
ओझल है मुझसे।

कोई मेरा पूरब है–
मेरी ओर पीठ किये हुए है।

कोई मेरा पच्छिम है
तकलीफ-भरी खुशी है मेरी
जिसकी आँखों में कहीं नहीं हूँ अब।

कोई मेरा पूरब है
सरबस है मेरा।

धावक,
आलोचक, कीमियागर
सहज हूँ, कठिन अति
आओ पहचानो
कहाँ हूँ
कहाँ को जाता हूँ।

पागलदास

(पखावज वादक स्वामी पागलदास के लिए, जिनका 20 जनवरी, '97 को अयोध्या में देहावसान हो गया।)

अयोध्या में बसकर
उदास रहते थे पागलदास
यह बताया उस मल्लाह ने
जिसने सरयू में प्रवाहित किया उन्हें।

मैंने पूछा—
आखिर क्यों उदास रहते थे पागलदास
अयोध्या में बसकर भी।

उसने कहा—
कारण तो बता सकते हैं वे ही
जो जानते हों पागलदास को ठीक से
मैं तो आते-जाते सुनता था
उनका रोदन
जिसे छुपाते थे वे पखावज की थापों में।

मैंने कहा, मुझे उनके स्थान तक ले चलो
उनके किसी जानकार से मिलाओ।

मैंने पागलदास के पट्ट शिष्यों से पूछा
क्या अयोध्या में बस कर
सचमुच उदास रहते थे पागलदास।
शिष्य कुछ बोले-बासे नहीं
बस थाप देते रहे,
मेरे आग्रह करने पर
उन्होंने मुझे दिखाया उनका कक्ष

जहाँ बंद हो गया था आना जाना डोलना
पागलदास के पखावज भी भूल गए थे बोलना।

मैं अयोध्या में ढूँढ़ता रहा
पागलदास के जानकारों को
और लोग उनका नाम सुनते ही चुप हो
बढ़ जाते थे।

बहुत दिन बीतने पर
मिले पागलदास के संगी
जो कभी संगत करते थे उनके साथ

उन्होंने मुझसे पूछा—
क्या करेंगे जानकर कि
अयोध्या में बसकर क्यों उदास रहते थे पागलदास।

उन्होंने कहा—
क्यों उदास हैं आप बनारस में
बुद्ध कपिलवस्तु में
कालिदास उज्जयिनी में
फसलें खेतों में
पत्तियाँ वृक्षों पर, लोग दिल्ली में, पटना में
दुनिया-जहान में क्यों उदास हैं
आप सिर्फ यही क्यों पूछ रहे हैं
कि अयोध्या में बसकर क्यों उदास थे पागलदास।
मैंने कहा—
मुझे उनकी उदासी से कुछ काम नहीं
मुझे बुद्ध, कालिदास या लोगों की उदासी से
कुछ लेना-देना नहीं
मैं तो सिर्फ बताना चाहता था लोगों को
कि इस वजह से अयोध्या में बसकर भी
उदास रहते थे पागलदास।

उन्होंने बताया—
पागलदास की उदासी की जड़ थे पागलदास

मैंने कहा यह दूसरे पागलदास कौन हैं
क्या करते हैं।

उन्होंने बताया—
जैसे अयोध्या में बसती है दूसरी अयोध्या
सरजू में बहती है दूसरी सरजू
वैसे ही पागलदास में था दूसरा पागलदास
और दोनों रहते थे अलग-थलग और
उदास।

जो दूसरे पागलदास थे
वे न्याय चाहते थे
चाहते थे रक्षा हो सच की
बची रहे मर्यादा अयोध्या की
सहन नहीं होता था कुछ भी उल्टा-सीधा
क्रोधी थे। पहले पागलदास की तरह
सिर्फ अपने भर से नहीं था काम-धाम
पहले पागलदास की तरह उदास होकर
बैठ नहीं गए थे घर के भीतर।

मैंने कहा—
अन्याय का विरोध तो होना ही चाहिए
होनी ही चाहिए सच की रक्षा
पर उदासी का कारण तो बताया नहीं आपने।

उन्होंने कहा—
जो पागलदास
सच की रक्षा चाहते थे
चाहते थे न्याय
वध किया गया उनका
मार दिया गया उनको घेर कर उनके ही आँगन में
एकान्त में नहीं
उनके लोगों की मौजूदगी में
और पहले पागलदास को छोड़ दिया गया
बजाने के लिए वाद्य

कला के सम्वर्धन के लिए।

दूसरे पागलदास की हत्या से
उसको न बचा पाने के संताप से
उदास रहने लगे थे पागलदास
दूसरे पागलदास के न रहने पर
उनको संगत देने वाला बचा न कोई
उन्होंने छोड़ दिया बजाना, भूल गए रंग भरना
तज दिए समारोह, भूल गए कायदा, याद नहीं रहा भराव का ढंग
बचने लगे लोगों से, लोम-विलोम की गुंजायश नहीं रही।
बहुत जोर देने पर कभी बजाने बैठते थे तो
लगता था पखावज नहीं
अपनी छाती पीट रहे हैं।

इतना कहकर वे चुप हो गए
मुझे सरजू पार कराया और बोले—
जितना जाना मैंने
पागलदास की उदासी का कारण
कह सुनाया
अब जाने सरजू कि उसके दक्षिण तरफ
बसकर भी क्यों उदास रहे पागलदास।

21.2.97

भारत–2017

(त्रिलोचन शास्त्री के लिए)

नष्ट हो रही
यह मजार है किसी त्रिलोचन की
जो बड़ा जड़ीला था
निपट निरक्षर था, अनाथ था
मढ़ा हुआ जिसके मत्थे अपमान जगत का
गड़ा हुआ जो बेकारी के विकट कीच में
हँसता था, विपदा में भी गाता था।

मझोला कद था
काली पतली भुजाओं में बल था अपार
गर्द-भरी आँखों से किरन फूटती थी
भिखमंगा था, मतदाता था
पानी पीकर भूख सुलाता था, अक्सर
भाषा ही सराय थी, भेष बनाकर
चहुँदिस फिरता था, जनमा था
सरयू के तट पर।

मारकीन का कुर्ता पहने लहराता हरदम
मुक्का था, बाँची नहीं गयी जो वह पोथी
वह रुक्का था।

10.12.95

दुख-तंत्र

हम जो जल रहे खेत हैं
भस्म हो चुके खलिहानों के लिए बेचैन
हम जो कांति खो रही बहनों के भाई हैं
मुहब्बत के लिए लालायित
हम जो धैर्य खो रही माताओं के लाल हैं
अनंत चीजों के मुहताज
हम जो देश का विदीर्ण मन हैं आज
हम जो नदियों का संगम हैं फिर भी।

हमने गलत किया
हमें दुनिया को इतने कायदे से
नहीं देखना था
बकौल शमशेर
'जो नहीं है उसका गम क्या ?'
मसलन आजादी, मसलन प्यार...भाईचारा,
जो नहीं है
उसके बारे में सोचना भी क्या
सपने नहीं पालने थे हमें
जैसे-तैसे गुजर जाना था
इस हाहाकार के बीच से।

हम जो आहट-भर हैं
हम जो सच का आभास हैं सिर्फ
हम जो बेनूर आँखों के ख्वाब हैं
हम जो सिले ओठ की मुस्कराहट हैं
हम जो पीठ पर बँधे हाथ की छटपटाहट हैं

हमने सचमुच गलत किया

हमें जिंदगी से औलाद की तरह
प्यार नहीं करना था
दरबार के चरण-कमलों में
अंतर्धान रहकर मगन रहना था
थूक चाटकर खुश रहना था
खुद को गुदगुदी कर हँसना था हर हाल में
गुजर जाने देना था हर मरघट को
अपने ऊपर से चुपचाप
हर नई कब्र को बनाना था घर

अपने दुख-तंत्र को
नहीं बजाना था बार-बार।

जो विलाप से विचलित होता है

यहाँ से बहुत दूर रो रहा है कोई
मैं सुन नहीं पा रहा हूँ ठीक-ठीक
कि क्यों रो रहा है कोई।

वह कौन-सी जगह है
जहाँ रो रहा है कोई
उधर सोमालिया तो नहीं
उधर किसी का घर तो नहीं।

तुम्हारे लोकतंत्र में वह
कितने हास्यास्पद तरीके से
बिलख रहा है सचमुच
कितनी निर्भीकता से कोई अपना
दुखड़ा रो सकता है तुम्हारे आँगन में।

तुम समझदार हो
समझा सकते हो उसे कि रोटियों के लिए
रोना कितनी ओछी हरकत है
जबकि अन्नागार भरे हैं
उसकी मेहनत से,
भाषा के लिए रोना, भूमि के लिए रोना
एक कवि की हत्या पर रोना
समय ज़ाया करना है
आजादी के लिए रोने से बेहतर है
सुविधा-भरे तहख़ाने के लिए रोना।
तुम कह सकते हो उससे कि
कायर रोते हैं, कवि रोते हैं
जिनके मन में

बहुत धुंध और अँधेरा होता है
जो बादलों की तरह उदास और
बेघर होते हैं
दूसरों के दुखों में वे रोते हैं।

तुम समझा सकते हो उसे कि
दुनिया झड़ चुके बालों की तरह है
और प्रेम राख की तरह होता है
कम से कम ओस की तरह तो
नहीं ही होता
सिर्फ तुम्हीं कह सकते हो उससे कि
जो घर, जो लोग जल रहे हैं
वे जलने के लिए ही बनाए गए हैं दरअसल
तुम अपने स्खलित होते ऐश्वर्य के साथ
कह सकते हो उससे कि
जो विलाप से विचलित होता है वह
विजेता नहीं होता कभी भी।

6.1.94

शोक मनाने दो

मुझे उस शिशु का शोक
मनाने दो
जो अपनी माँ की कोख में रहा
सिर्फ चार महीने

मुझे उस शिशु का शोक
मनाने दो
जिसकी कटी अँगुलियाँ
इस देश का मुखड़ा चमकाती हैं,

नहीं जाने दूँगा उसकी जमीन पर
बर्बरों को
नहीं बनने दूँगा उसकी जमीन को
कायरों की जोत
भले ही पता नहीं है उसका नाम मुझे।

मेरे पास एक मुकुट है
धुएँ का वह उसका है,
मेरे पास एक खड़ाऊँ है बर्फ की
वह उसको दूँगा,
मेरे पास एक वल्कल है पानी का
वह उसके लिए है

तुम्हारे पास एक पालना है
रक्त का
वह सिर्फ उसके लिए है
तुम्हारे पास एक लोरी है
आग की

जो केवल उसके लिए है
उसे तुम गाओ आँगन में टहलते हुए
या मेरे सिरहाने बैठकर

मुझे हर उस शिशु का शोक
मनाने दो
जिसकी हत्या पर
जश्न कहीं मनाया गया,

मैंने क्यों नमस्कार किया उनको
जिन्होंने लाल किले की प्राचीर से कहा—
अब से यातना का आयात-निर्यात बंद
अब से गुलामों का उत्पादन स्थगित
अब से भुखमरी की प्रदर्शनी नहीं
अब से बच्चों का वध वर्जित है—
विधान में।

7.5.95

चक्रवात

पिछवारे के बगीचे में
एक पत्ता
चक्कर काटता हुआ गिरता है

कहीं शोर है
कहीं उदासी है ?

बहुत सारे पत्ते
चक्कर काटते हुए गिर रहे हैं
ऐंठे हुए
दुर्बल, सूखे, चमकदार पत्ते
पिछवारे के बगीचे में, निरर्थक।

लड़ने पर जैसे
टूट-टूट कर गिरते हैं
चिड़ियों के पंख
गिर रहे हैं पत्ते
बगीचा भरता जा रहा है
पत्तों के शोर और
पंखों की उदासी से।

पुतलियों पर काई जमने का गीत
गाने वाली चिड़िया
बहुत सारी तकलीफों के बावजूद
बादलों से नहीं
पिंजड़ों से नहीं
गिर रहे पत्तों, पंखों और
चक्रवात से प्यार करती है।

21.11.95

गाँव में सूर्यास्त

दिन डूब रहा है
जगह-जगह हो रहा है खेल
अजीब रोर है दिन के डूबने का।

एक बच्ची
अपनी भेड़ों को हाँकते हुए
ला रही है घर,

सूरज जा चुका है
घास के किसी और मैदान में
शिकार करने,

आसमान में पता नहीं किसके
खून का धब्बा रह गया है
जिसे मिटाना भूल गए हैं लोग।

26.3.97

मेले में

आज कई साल बाद
मैं मेला देखने गया
मेले में बहुत भीड़ थी,
धूल थी, अपनापन था भरा हुआ।

बहुत देर तक घूमा
बहुत कुछ खरीदा।

निकल रहा था मेले से
देखा एकदम छोर पर
मिट्टी के खिलौनों की दूकान सजी थी
ग्राहक कोई न था।

पास गया तो देखा
दूकान में एक बच्चा माँ का दूध
पी रहा था
दूध पिला कर बच्चे को सुलांते-सुलाते
सो गयी थी उसकी माँ। पता नहीं कैसे आ गयी उसे नींद
इतने हाहाकार के बीच,
दूकान सजी थी जस की तस। इतनी मार-काट के मेले में।

माँ सो रही थी
उसका बच्चा
मुझे घूरता दूध पीता था या
अगोरता था दूकान
समझ नहीं पाया,

जगा नहीं सका उसकी माँ को
खरीद नहीं सका कुछ भी।

गंध

कल रात कुछ जलने की
गंध आ रही थी।

जल्दी-जल्दी हमने अपने घर
का कोना-कोना छान मारा
कहीं कुछ अपने घर में तो नहीं सुलग रहा
जल रहा।

चूल्हा बुझा था देर से
कहीं कुछ भी सुलग नहीं रहा था
घर में सब कुछ सही-सलामत था

हमें राहत हुई
हमारे यहाँ कुछ भी जल नहीं रहा था
राख नहीं हो रहा था हमारे भीतर।

पर कुछ जलने की गंध आती रही
जब हमें आ रही थी नींद तब भी
हमारे घर में,
मौजूद थी कुछ जलने की गंध। पर
खुशी थी हमें, हमारे यहाँ आग नहीं लगी थी।

8.9.97

पुराने जैसा

अक्सर मैं भूल जाता हूँ कि
बैंक में मेरी कैसी तस्वीर लगी है
कैसा दस्तखत किया है।

कैशियर मेरे चेहरे से
मेरी उस पुरानी तस्वीर को मिलाता है
मिलाता है पुराने दस्तखत से
ताजे दस्तखत को
और कहता है बनाऊँ वैसा ही दस्तखत
जैसा होना चाहिए।

पर मैं बार-बार भूल जाता हूँ अपना ही
पुराना दस्तखत, मेरा चेहरा है कि अजब बदल जाता है
रोज-रोज, और मुझसे माँग की जाती है कि
यदि पाना हो भुगतान तो
भले ही न दिखूँ अपनी पुरानी तस्वीर जैसा
पर दस्तखत बनाऊँ ठीक पुराने दस्तखत
की ही तरह।

19.3.97

पहचान

मेरी गली में एक बहुत सूखा पेड़ था
वह इतना सूखा था कि
पहचाना नहीं जा सकता था।

उसे कठफोड़वे पहचान सकते थे
या बढ़ई
या वह बुढ़िया जो उस पेड़ को
अर्पित करती थी जल और फूल सूर्योदय के समय।

उस सूख चुके पेड़ को अंधड़ ने
उखाड़ दिया।
बहुत दिनों तक उसका खुत्बा उभरा रहा
जमीन के ऊपर
उस पेड़ का स्मारक बनकर।

एक दिन हमने देखा
पेड़ का वह स्मारक सुलग रहा था

लोग यूँ ही आ-जा रहे थे
शाम का कोई सवा छह बजा था।

1.5.98

कविता मेरी नहीं

वे मेरी गहरी आँखों को
त्रिशूल से
और मेरे मन को नेज़े से
नापना चाहते हैं।

वे कह रहे हैं
मैं प्यार न करूँ और
अपने घर को दिये की तरह जलाकर
उनकी आरती उतारूँ
और अपने बीबी-बच्चों को
उन पर कुर्बान कर
उनके गुन गाऊँ।

वे कह रहे हैं
मैं उनकी जयकार करूँ। या
और बेहतर है चुप रहूँ और
जबान के एवज में
जिंदगी का तमगा लूँ
और मगन फिरूँ। या
ज्यादा अच्छा हो कि अपनी कब्र
खोद कर उसमें अपने
सपनों के साथ बस जाऊँ।

वे खुदा के लाडले हैं
वे भगवान के दुलारे हैं
वे पवित्र हैं

वे सूर्य को अर्घ्य देते हैं

वह उनका हो जाता है
वे गंगा में नहाते हैं
वह उनकी हो जाती है
वे देश की परिक्रमा करते हैं
वह उनका हो जाता है,

मैं पूछ रहा हूँ बार-बार
कि वे मुझे सोते-जागते
बाहरी कह रहे हैं
क्या मैं बाहरी हो जाऊँगा ?

वे चाहते हैं
मैं अपनी जमीन-जायदाद
अपने पुरखों की कब्रें
अपने चौदहवीं के चाँद को
अपनी बोई हुई फसल को और
अपने खून में घुले हुए देश को
छोड़ दूँ
और कहूँ
गंगा मेरी नहीं
यह देश मेरा नहीं
फिर तो
सूर्य की किरनें मेरी नहीं
चौदहवीं का चाँद मेरा नहीं
और
कोई भी कविता मेरी नहीं।

10.12.92

कामना

मैं तुम्हें देना चाहता हूँ
बुझी उदास रातों की लपट
वो नदियाँ जिनमें मछलियाँ हैं चमकदार
और मछुआरों की डगमग नावें हैं
जिन पर लदकर जाते हैं
बहुत सारे सपने
बहुत सारे माल-असबाब डूब जाते हैं।

मैं तुम्हें देना चाहता हूँ
ऐसे दिन जिनमें प्यार करना
और लड़ना
मधुमक्खियों के छत्ते से शहद निचोड़ना है

बादल तो तुम्हारे पास पहले से हैं
बरसाती मेंढ़क की तरह पीला चाँद
बहुत पहले से है तुम्हारे पास
तुम्हारे अभावों के पूर्ण गोदाम में
पहले से विद्यमान है प्रताड़ित पुरखों की
अथाह थाती और उन विजेताओं की सूची
जिनके लिए किसी सिर की कीमत
कुछ मुद्राएँ थीं केवल।

पहले से हैं
तुम्हारे पास कुछ बहुत पुराने गीत
कुछ बहुत प्राचीन सिक्के हैं तुम्हारे पास
तुम्हारे पास कुछ बहुत जीर्ण सपने हैं

मैं तुम्हें देना चाहता हूँ

वह सब कुछ जिनसे वंचित हूँ मैं
जिन चीजों के लिए छटपटाता हूँ मैं
तुम्हें देना चाहता हूँ

आँखें चुराकर देखता हूँ
दूकानों में झूले हैं अनुपम
देखता हूँ छतरियाँ हैं आसमान की तरह सुंदर
देखता हूँ दवाइयाँ हमारे इंतजार में
मियाद पूरी कर मर रही हैं
घरों में कैद हैं लड़कियाँ
और देखता हूँ
हथकड़ियाँ हमें देखकर खिल-खिल उठती हैं।

न जाने क्यों ?
हिनहिना रहे हैं हमारे घोड़े
उनकी अगाड़ी बँधी है पिछाड़ी भी
सो रहे हैं लोग धूल और पसीने का
कवच पहने यहाँ-वहाँ,
टूटते हुए लकड़ी के हलों और ट्रैक्टरों के बीच
वे पैर हैं या खुर या रात्रि-पुष्प
सितारे हैं तुम्हारे हाथ,
मैं तुम्हें देना चाहता हूँ वह सब कुछ
जिन्हें पाना है हमें एक साथ
शव की तरह नहीं,
सादे कागजों पर दस्तखत देकर नहीं
पसीने के ठीक मोल के बदले
पाना है हमें

11.8.95

गेंद

कहीं भी कोई गेंद
नहीं है लावारिस

न पृथ्वी।

वह तो हर्गिज नहीं
जो दूकान में है
नाजुक हथेलियों के उल्लास की
मोहताज, लुढ़कने को आतुर
जिसे खरीदा नहीं जा सका आज भी

जैसे पृथ्वी को।

धूल में सनी, कभी
धूप में चमकती
यदि मिले वह अचानक
अचंभे में डालती हुई
उसे मत समझ लेना लावारिस।

घुटनों के बल चलकर
सड़क पर आ गए बच्चे की तरह
उसकी हिफाजत करो
बचाओ उसको कुचल जाने से।
उसकी खोज में
आ रहे होंगे वे
दौड़ते, हड़बोंग मचाते
चहचहाते
या खो जाने के डर से चौकन्ने
जरूर आ रहे होंगे वे
जिनकी वह है।

जोगी

(जूते चमकाने वाले बच्चों के लिए)

वे जूतों की तलाश में
घूमते हैं ब्रश लेकर
और मिलते ही बिना देर लगाए
ब्रश को गज की तरह चलाने लगते हैं
जूतों पर
गोया जूते उनकी सारंगी हों।

क्या दावे से कहा जा सकता है कि
उन्हें जूतों से प्यार है
जबकि फूल की तरह खिल उठते हैं
जूतों को देखकर वे।

जब कोई नहीं होता
चमक खो रहे वे
जूतों से गुफ्तगू करते हैं।

भरी दोपहरी में वे
जमात से बिछड़े जोगी की तरह होते हैं
जिसकी सारंगी और झोली
छीन ली हो बटमारों ने।

उन्हें बहुत चिढ़ है उन पैरों से
जिनमें जूते नहीं

बहुत पुरानी और अबूझ पृथ्वी पर
उस्ताद बुन्दू खाँ और भरथरी के चेलों की तरह
यश और मोक्ष नहीं
निस्तेज जूतों की तलाश करते हैं वे।

19.2.96

मेरा काम

तुम पर पड़ी राख
दिखाकर हँसता हूँ मैं
जैसे अब यही काम हो मेरा।

तुम्हारे कमरे की गली
जिसमें अँधेरा और बदबू है
मैं तुम्हें पुकारता हूँ
कुंडी खटखटाता हूँ तुम्हारे कमरे की
छूकर देखता हूँ
ताला...
तुम्हारे मुँह पर भी।

तुम दिन-भर घूमते हो
पता नहीं क्या खोजने
शायद किसी दोस्त का ठिकाना
शायद काम, शायद प्रेम
या कोई देश
जहाँ किसी का चुप होना
सबको सालता हो।

बहार आती है
तुम्हारी हरियाली खत्म करने
बारिश आती है
भिगोकर भारी करने तुम्हारे पंखों को
रात आती है
वसूलने हर्जाना, तुमसे बेचैन जागने का
और मैं आता हूँ
तुम पर पड़ी राख दिखाकर हँसने
जैसे अब यही काम हो मेरा।

1.1.96

मेरे बारे में

कोई नहीं जानता मेरे बारे में बहुत
न कोई जान सकता है उससे अधिक
जितना जानता है।

नहीं, मुझे मेरी
कविताओं से नहीं जाना जा सकता।

मेरे गिरे पत्तों को
दहजते हुए आते हैं लोग और
गिनते हैं मुझमें लगे पत्ते
हरी डालियों पर बासी ताजा चोट।

इस तरह जाना नहीं जा सकता किसी को
उस चरवाहे को तो और नहीं
जो चारे की कमी से बेचता है
अपने उदन्त बछड़ों को।

21.3.97

हम

हमारे पास न खेत है न फूल, खाक
हमारा अतीत आँखों में है
वर्तमान, सब है धूल, राख
से ढका है हमारा दिग्‌दिगंत, क्या
इस नाटक का अंत, ऐसा ही होगा
शांत चुपचाप, रहे हम इस धरती पर
जैसे पानी-भाप, पोंछ कर लोग
जियें और मुसकायँ, हमरी संतति
खाली आवें जायँ, गिनायँ।

29.10.95

और कहीं

तलवार सोती है म्यान में
या किसी की छाती में
और कहीं नींद नहीं आती उसे
नमक के ढोंके से वह उतना ही मुहब्बत करती है
जितना पंखुड़ियाँ ओले से
अन्न चक्की से।

नदी सोती है अपने तट पर
या मछलियों के गलफर में
आग सोती है चूल्हे में
राख का पहनावा पहनकर।

मैं सोता हूँ
किन्हीं पसलियों की ठंड में
या अपने पूरब वाले घर में
जिसमें मैं पैदा हुआ था
जाड़ों की भोर में कभी,
जो ढह जाए इस या अगली बरसात में कभी
मुझे और कहीं कल नहीं।

बहुत तकलीफ में सोती हैं लावारिस चीजें
संग्रहालयों में
उनमें रतजगे की प्रथा
चली आ रही है बहुत पहले से।

2.4.97

उजड़ा हुआ दिन

यह उजड़ा हुआ दिन है
ज्योतिहीन
सब दुखी हैं और उदास
जैसे किसी के आगे-पीछे नहीं है कोई।

आगम भरा है अंधकार से
गर्त में अतृप्ति की थाती लिये
चुप हैं सब,

जैसे किसी को नहीं करना है कोई काम
जैसे इतने से ही चल जाएगा काम।

फूल, पंछी और आदमी

इतना चल चुका हूँ इस पृथ्वी पर
फिर भी कितने कम फूलों को
जानता हूँ उनके नाम से
कितने कम को पहचानता हूँ उनकी महक से।

कितने कम पंछियों को पहचानता हूँ उनकी आवाज से
उनके पंखों से निकली धुन से।

सोते हुए गुजरता हूँ पुलों के ऊपर से
नीचे से बह रही थी जो नदी पता नहीं
क्या था उसका नाम।

बरसों छहाँता रहा जिस पेड़ के नीचे
नहीं पता चला उसका नाम-गोत्र अब तक।

कौन आदमी था वह
जिसने जगाया और कहा—
उठिए, आपका स्टेशन आ गया है।
हड़बड़ी में पूछ नहीं पाया उसका नाम
देख नहीं पाया उसका चेहरा भी
ठीक से।

18.3.98

ऐसा ही होता है

अक्सर ऐसा ही होता है
कि मरते-मरते बच जाते हैं हम।

कभी-कभी ऐसा लगता है
खत्म हो रहा है सब कुछ
यह चाँद की आखिरी पूर्णमासी है
पृथ्वी धूल-पिंड के सिवा कुछ नहीं।

नहीं रही किसी की जरूरत
न मित्रता, न राज्य, न आजादी
न कविता, न बरखा, न खेत
कुछ भी नहीं।

पर होता है यही अक्सर
कि हम फसल के बचाव में निकलते हैं
और छोटी-सी बात पर मर मिटते हैं
हत्यारों से घृणा करते हैं
हमारे चूल्हे, हमारी रोटियाँ तक।

अक्सर होता है ऐसा ही
अनगिनत जरूरी कामों को छोड़कर
चले आते हैं संतानों को देखने लोग
वे बुद्ध नहीं होते।
अक्सर होता है ऐसा ही
शोक में नहीं रहना चाहते हम

4.3.96

पुराना तरीका

बारिश हो रही है झमाझम
कितना पुराना तरीका है बादलों के
बरसने का।

मोटी-मोटी बूँदें जारो-जार
उमड़-घुमड़, कोलाहल गर्जन वही प्राचीन।

बारिश हो रही है झमाझम
तारे गुम गए हैं
चमक रही है बिजली।

दूर-दूर तक सिवाय बारिश के
और कोई आवाज नहीं,
सिवाय बिजली की कौंध के
और कोई चमक नहीं।

पंछियों को इस बारिश से क्या मिला

कोई बच्चा तक नहीं रो रहा
और बारिश है कि अपने पुरानेपन के साथ
बरसती जा रही है।

20.6.98

मान बहादुर

सदी के अंत में कविता में
नहीं थे मान बहादुर
जबकि सदी के अंत में कविता जैसे
खाला का घर हो गई थी।

सदी के अंत में कविता ही क्या
कहीं भी नहीं बचा था कोई मान बहादुर।

मान बहादुर का क्षत-विक्षत शव
कविता के बाहर पड़ा था
न कोई हाहाकार, न कोहराम
बस धरती थी जो उठाए थी जैसे-तैसे
अपने कंधे पर
राह देखती मान बहादुर के अपनों की।

उनका हाथ था वहीं
जिसे काट दिया गया था
उनका सिर भी था वहीं निहारता धड़ को
जिस पर खिला था वह अभी कुछ देर पहले तक।

वहाँ एक भीड़ थी जो
देख रही थी मान बहादुर का कौतुक
हत्यारों का करतब काबिले-तारीफ़ था वहाँ।
सदी के अंत में।

सदी के अंत में
मान बहादुर की मिट्टी खराब हो रही थी
कविता के बाहर।

और सदी के अंत में कविता के भीतर भी
जगह नहीं थी
किसी मान बहादुर के लिए।

27.2.98

चिट्ठी

टप्पू ! तुम तो गए कमाने बहुत
दूर भोपाल,
बोलो-बोलो कैसे हो, कैसा है
तुमरा हाल-चाल।

क्या करते हो काम वहाँ
कितनी पगार है,
कितना मिलता नगद और
कितना उधार है।

कहाँ खा रहे हो कहाँ
डाले हो डेरा,
कौन मुद्दई वहाँ, कौन है
संगी तेरा।

बड़ा शहर है, खूब-खूब होंगे
उजले घर,
मार फसकड़ा बैठे होंगे
मंत्री-अफसर।

बरसा होगा जब भी पानी
उमड़-उमड़कर
याद हमारी आई होगी
घुमड़-घुमड़कर।

यहाँ हुआ बीमार तुम्हारा
प्रिय 'भइयन' है
जल्दी आओ घर, तुमसे
मिलने का मन है।

स्त्री

वह एक अपमानित आदमी की
विधवा है
चढ़ती उमर में दगा कर गया है
उसका पति उससे चुपचाप।

ताजे आटे की गर्मी थी उसकी खुशी

बसंत उसके लिए
उखड़े हुए नाखून की तरह है।

आँगन बुहारते हुए वह अक्सर
कहती है—
जीवन झाड़ू की तरह होता है——है।

प्लेटफार्म नं. चार

वहाँ बहुत भीड़ थी
बहुत निर्जीव उजाला था
वहाँ बहुत शोर था उमस की तरह का

बहुत गाड़ियाँ थीं आतीं-जातीं।

वहाँ एक स्त्री थी,
सनातन काल से भीख माँगती
बच्चे को दूध पिलाती
गाती लगातार
कभी भी रोती नहीं !

22.4.95

तुम्हारे पास

ओ विलुप्त हो रहे घरों के शासको !
तुम्हारे पास कुछ नहीं है।

तुम्हारे पास
स्त्रियों के कटे हुए हाथ हैं
जिन्हें तुम समर्पण में या
समर्थन में उठाते हो रह-रह कर।

तुम्हारे पास
उनका निरीह गर्भ है
उनका निस्पंद प्रेम है तुम्हारे पास।

स्त्रियों के शव पर टिका है तुम्हारा
पुनीत साम्राज्य
तुम्हारे पास उनका संगीत-बद्ध विलाप है।

21.4.95

नहीं जान पाया

कितना कम जानता हूँ मैं
इस दुनिया को
कितनी भाषाएँ
कैसे-कैसे लोग
हजारों गुप्त तहखानों में
चलते अजीब रोजगार।

कितना कम जान पाया तुम्हें ही
बरसों रहकर तुम्हारे साथ
निर्दुंद सोता रहा
तुम्हारी बाँह का तकिया लगाए।

कौन-सी मिट्टी की बनी हो तुम
तुमसे आती है बिना चिरागी
घर की महक

नहीं जान पाया अब तक तुम्हें
रहकर तुमसे दूर भी
सोकर तुम्हारी कोख में भी

नहीं जान पाया
किसने किया तुम्हारा शिकार
जब तुम सो रही थीं
बेसुध होकर।

20.4.97

अंधी स्त्री

मेरे साथ एक अंधी स्त्री रहती है।

जिधर कहता हूँ जाती है उधर
रुकने को कहता हूँ जब रुक जाती है,
कहीं नहीं जाती अकेले
कुछ भी नहीं करती अपने मन से
कुछ बोलती भी नहीं
हरदम सोचती रहती है पता नहीं क्या।

पता नहीं किस जनम से मैं
एक अंधी स्त्री के पालने में सो रहा हूँ
पता नहीं कब से
विदा कर रहा हूँ अंधी पुत्री को
पता नहीं किस काल से एक अंधी स्त्री
मेरे साथ रहती है।

जब मैं लौटता हूँ थका-हारा
बताती है
कौन आया, कौन गया किसने कहा क्या
किसने उठाया अंधेपन का फायदा।

कभी एक अंधी स्त्री ने मुझे अपने दुखड़े सुनाए
प्यार के दुखड़े
और मैं उसे सोता छोड़ निकल भागा
दुख-निरोध के लिए
जब भी पहुँचता हूँ घर वह अंधी स्त्री अपने वही
दुखड़े लेकर बैठ जाती है।

पता नहीं किस अहेरी के बाण से बिंधा
मर रहा हूँ मैं
मेरे कमंडल में भरता जा रहा है मेरा ही लहू
कोई अंधी मेरा इंतजार करती
भूल गई होगी प्यास किसी युग में।

नदी की कल-कल के पास मैं मर रहा हूँ
मेरी अंधी माँ तक
मेरा लहू-भरा कमंडल ले जाओगे अहेरी
क्या काँवर में बिठाकर पहुँचाओगे
मेरे अंधे माँ-बाप को घर तक।

कई बार अपनी आँखों पर
पट्टी बाँधकर अंधी हो गई मेरी माँ
उसने मुझे कभी देखा ही नहीं
सिर्फ छूकर पालती रही।

पता नहीं किस शक-सम्बत से
एक अंधी स्त्री जो मेरे साथ रहती है
भूल गई है देखना,
पता नहीं कब देखने लगेगी वह अंधी स्त्री
जिसके पालने में सो रहा हूँ मैं।

26.7.98

शृंगारदान में धूल

1

वह स्त्री अपने घर का रास्ता
भूल गई थी।

वह चाहती थी कि
बच्चों और सूर्य के जागने के पहले
वह चूल्हे तक पहुँच जाए।

पर वह घर का रास्ता
भूली ही रही।

उसे घर तक
पहुँचने के लिए
वैतरणी पार करनी थी
उसे पता था
बगैर घर के स्त्रियाँ
जंगल होती हैं
मेघ, बसंत, फूल होती हैं
नदी होती हैं, आँख होती हैं
यौवन होती हैं
और उसे पता था
बगैर घर के स्त्रियाँ
कुछ भी नहीं होतीं।

घर तक पहुँचने के लिए
वह वैतरणी में नाव चलाना चाहती थी
वह नाव की खोज में

जंगल तक गई
जहाँ पत्ते झर रहे थे
और एक दूसरी स्त्री
(हिरनी की तरह घायल थी जो)
अपने शिकारी के लिए रो रही थी।

वह स्त्री जंगल में थी
तभी अपनी आँखों में रक्तस्राव धारण किये
सूर्य उगा
उस स्त्री के बच्चे
शिकार करने चले गए
और वह जंगल में
हिरनी की तरह रहने लगी।

2

वह स्त्री जहाँ रहती थी
वहाँ स्त्रियों को
अपना मार्ग जानने और चुनने का
हक नहीं था।

दरअसल वहाँ लोग मानते थे कि
स्त्रियाँ अपना मार्ग
तय नहीं कर सकतीं
क्योंकि उन्हें अपने रास्ते से अधिक
अपने गर्भ का खयाल रहता है।

वह स्त्री जहाँ रहती थी
वहाँ स्त्रियों का कहीं
कोई घर नहीं होता था
बल्कि स्त्रियाँ ही घर होती थीं
जिनमें रहते थे लोग
उनसे निर्लिप्त
और वह थी कि
घर की खोज में थी लगातार।
वह घर खोजती थी

और किले में पहुँच जाती थी
जहाँ असंख्य स्त्रियाँ थीं
अपने अनुपम दुखों पर मोहित
अपनी संरचना पर प्रसन्न
अपने बादलों से हीन
अपने घर से परे।

वह स्त्री चाँद को
नदी में झाँककर और सूर्य को
खेत में से देखना चाहती थी
पर उसे समझाया गया कि
चाँद आँगन से और सूर्य
घूँघट से अच्छा लगता है।

3

उस स्त्री के बच्चों ने उसे बहुत खोजा
उन्होंने नदियाँ खँगाल डालीं
खेतों को रौंद डाला
घरों को युद्ध-भूमि बना दिया
और कवियों ने उसे
रास्ता दिखाने के लिए कविताएँ लिखीं
गलदश्रु भावुकता से भरपूर
वे उसके विलाप और हँसी में
अंतर करते रहे।

4

बाद में
उस स्त्री के घर की धूल को
किसी स्त्री ने
अपने शृंगारदान में रख लिया।

13.11.94

बाहर झाँकती आँखें

(एक कविता सूकी और अपने गाँव की लड़कियों के वास्ते)

बाहर झाँकती तुम्हारी आँखें
मुझे मेरे देश की औरतों की आँखों-सी
उदास और बेखौफ दिखती हैं
आन-सान-सूकी !

जब हम अपनी बहनों को
विदा करते हैं सूकी, तो
वे भयानक रूप से रोती हैं लगातार,
उनको रोता देखकर मुझे याद आती हैं
तुम्हारी अँधेरे में से बाहर झाँकती
निर्मल आँखें।

यहाँ बच्चियों पर जुल्म होते हैं
यहाँ औरतों को सामान की तरह
समझा जाता है। चली जाती हैं वे
एक थाल्हे से दूसरे थाल्हे तक
एक कारा से दूसरी कारा तक।

ऐसा ही हो रहा है वहाँ भी
जहाँ तुम कैद हो, जल रही हैं स्त्रियाँ
कैदखानों के बाहर नहीं निकलती उनकी आवाज
पर बाहर झाँकती रहती हैं उनकी आँखें
तुम्हारी आँखों की तरह।

हमारे यहाँ सूकी,
जब लड़कियों को विदा किया जाता है
उन्हें ढँक दिया जाता है ऊपर से नीचे तक

और जिस सवारी में उन्हें बैठना होता है
उस पर भी डाल दिया जाता है ओहार
देख न लें बाहर का कुछ वे,
न देख ले उनको कोई।

बहुत देर तक रोती रहती हैं वे
बहुत देर तक नहीं सूखती आँख, आँसुओं का
पर्दा पड़ जाता है, फिर अचानक चुप हो
झाँकने लगती हैं बाहर दो आँखें तुम्हारी आँखों
की तरह। उन्हें बाहर झाँकने से
नहीं रोका जा सका अब तक।

उसे पता था

उस स्त्री ने मुझे
रास्ता बताया।

कहा—
बस बहुत ही नजदीक है वह जगह
जहाँ पहुँचना चाहते हैं।

मुझे रास्ता दिखाकर वह
चली गई दूसरी ओर

मैं उसके अदृश्य हो जाने तक
उसे जाते देखता रहा

उसे पता था मैं उसे देख रहा हूँ।

22.2.98

वह चाहती थी

वह कविताओं में आना चाहती थी
वह चाहती थी अटूट और जटिल प्यार।

वह कहती थी
'सरलता मृत्यु है
मिलन मृत्यु है
बिछोह मृत्यु है
प्यार मृत्यु है'
फिर भी वह अमोघ प्यार चाहती थी।

खाली खेतों में बेहन की तरह
खिलना चाहती थी वह
उसे प्रिय थे छल-कपट तमाम।

उसने संग्रह किया था केवल
इच्छाओं का सुख
वह घर में नहीं
कविताओं में वास चाहती थी।

1.5.95

घर में

घर में
बहुत सारी चीजें रखी हैं जहाँ-तहाँ।

किताबें हैं आलमारियों में
मेज पर एक घड़ी है रुकी हुई-सी
माचिस है और सजावटी सामान हैं
थोड़े-बहुत।

एक दूसरे कोने में
शृंगार की मेज है, जिसमें लगा है
एक आदमकद आईना धुंध-भरा।

पत्नी कहती आ रही है
इसमें साफ-साफ नहीं दिखता कुछ भी
इसे बदल देना चाहिए
इसमें झाँकने पर अजीब दिखती है
छवि धुँधली।

और मैं हूँ कि
जोर देकर सजाए हुए हूँ
उस खत्म हो चुके आईने को घर में।

बिना बताए

अपने दोनों पैरों में
फँसा कर आईना
घंटों अपना रूप सँवारती है
बैठकर धूप में।

धूप पका रही है उसके रूप को
बिना बताए।

कंघी है जिसके दाँत टूटते जाते हैं
लटों में उलझकर
धूप हो जाती है रात, पर
जैसे भरता ही नहीं मन।

सँवारती जाती है रूप
दोनों पैरों में फँसाकर आईना।

29.9.97

निरंजना के उस पार

निरंजना के उस पार
एक गाँव में
रहती थी एक स्त्री।

वहाँ उपवन में उसका घर था
जहाँ हरियाली
संताप की तरह रहती थी
उसके यौवन की तरह निथर चुके
उसके खेत थे वहाँ।

कभी उसका हलवाहा पति
एक पतले रास्ते से
भिक्षुओं को विदा करने गया निरंजना तक
और बहुत दिनों तक परती रहे खेत।

जब-जब बादल विचरते थे निरंजना के ऊपर
जाती थी वह स्त्री, निरंजना की ओर
उसी पतले रास्ते से कि
लौट रहा हो कोई
पसीने में उसकी महक और
आँखों में खेतों की कांति लिये।

आते थे कभी-कभी
निरंजना की ओर से
अन्न-वस्त्र की याचना में सिद्ध
भिक्षुओं के बाने में
त्रस्त भिखारियों के दल
और धूल की तरह पड़ जाते

खेतों की रखवाली करती उस स्त्री की आँखों में।

निरंजना के उस पार
उपवन में
अब भी एक स्त्री की आँखें हैं
निर्जन मठ की तरह
जिनमें
धूल की तरह पड़ा है एक भिखारी !

1.6.95

बुद्ध से बातचीत

सामने खड़े सिरहीन बुद्ध के कंधे पर
सिर टिकाकर
आराम संभव नहीं
न सुख-दुख।

कोई भी क्या किसी
सिरहीन कंधे पर टिका सकता है माथा
रख सकता है हाथ
अगाध स्नेह के बावजूद।

इस सिरहीन बुद्ध के पीछे
ताखे पर रखे हैं
नाना रंग-रूप के दर्जनों सिर
जिन्हें कोई भी शिल्पी जोड़ सकता है
इस सिरहीन बुद्ध के धड़ से।
पर अब तो यह भी तय नहीं कि
इन सिरों का कुछ लेना-देना है या नहीं इस धड़ से।
जिसके सामने खड़ा हूँ मैं।

भीतर एक पूरा बुद्ध है मंच पर आसीन
जो घिरा है भीड़ से, असंख्य छोटे-बड़े बुद्धों से
भिक्खुओं से।
उसके आस-पास बहुत चकाचौंध है
गहमा-गहमी है।
अवसर नहीं है उसके पास मेरी सुनने का
और अपनी सुनाने की जरूरत अब
शायद नहीं रही उसे।

मैं चाहता हूँ बुद्ध से बातचीत करना
बताना उसे अपना हालचाल। जानना उससे
कहाँ है सुजाता, आजकल राहुल कैसा है ?
महाराज शुद्धोधन कैसे हैं, हैं भी कि नहीं।
राहुल-माता से अब क्या नाता है उनका।

पर इस भीड़
इस चकाचौंध में दुख-सुख संभव नहीं
संभव नहीं सुना पाना कुछ भी
और सामने खड़े
सिरहीन बुद्ध के कंधे पर
टिका नहीं सकता सिर
कर नहीं सकता बात।

9.10.97

बुद्ध परिपथ पर

बुद्ध परिपथ पर
एक आदमी नंगा खड़ा है।

अभी कुछ दिन पहले उसे
बुद्ध मंदिर से
चोरी करते पकड़ा गया और
पुलिस के हवाले कर दिया गया।

पहले पुलिस ने उसे भरपूर पीटा
उल्टा लटका कर मारा
रात-रात-भर जगाए रखा
कि वह कबूल करे चोरी को
फिर उसे धुले कपड़े पहनाकर
ले जाया गया बुद्ध मंदिर
जहाँ वह पकड़ा गया था चोरी करते।

वहाँ के भिक्षु उसे पहचान नहीं पाए।

उस आदमी के घर वाले परेशान होते रहे
उसकी रिहाई के लिए और फरियाद करते
रहे उसे न मारने के लिए।

आज भोर में
पुलिस ने उसे छोड़ दिया
बुद्ध मंदिर के आगे।

उस आदमी ने वहीं अपना अँगरखा उतारा
और बुद्ध को दिखाता रहा अपने घाव

फिर उन पर थोप ली सड़क की धूल
और बुदबुदाता रहा बुद्ध...बुद्ध
पर बुद्ध की आँखें बंद थीं
वे सोच रहे थे कुछ और दुख के बारे में।

वहाँ के लोगों ने
उसे भगा दिया बुद्ध के पास से भी।

थोड़ी दूर चलकर
रोते-रोते उसने अपना पायजामा भी उतार दिया
और लोगों को दिखाता रहा अपने
अंतः-घाव

अब वही आदमी
बुद्ध परिपथ पर नंगे खड़े
दिखा रहा है पता नहीं किसे
अपने घाव।

9.10.97

कोई मुझे बुलाता है

ठीक आधी रात में
कोई मुझे बुलाता है।

उसे नींद नहीं आती क्या
उसे ठंड नहीं लगती !

बाहर खूब ओस है ... खूब ठंड ...।

बहुत जोर-जोर से
कोई मुझे बुलाता है लगातार...
'बाहर निकलो
अपने पिता और अपना
हिसाब चुकता करो
कर्ज उतारो
सो गए हो क्या
बाहर निकलो...दरवाजा खोलो'।

बाहर निकलकर देखता हूँ
कहीं कोई तो नहीं
बस ओस है जो आर्द्र
कर रही है सब कुछ
बस चाँद है जो सबको सो रहा जानकर
हाँके ले जा रहा है तारों को कहीं।
दरवाजा बंद कर सोता हूँ कि
आवाज आती है
'बाहर निकलो...हिसाब चुकता करो...
दरवाजा खोलो...कर्ज उतारो...
सो गए हो क्या...'।

20.12.95

हरसिंगार के नीचे

घर के बगल में
हरसिंगार का एक पेड़ है।
जिसे लाए थे पिता बेलूर मठ से अपने यौवन में।

उसकी महक फैल रही है हर तरफ
उसी के नीचे बीमार पिता सोए हैं।
उनके ऊपर और आस-पास
फूल ही फूल हैं हरसिंगार के
जब बहुत हो जाते हैं फूल पिता के ऊपर
माँ उन्हें हटा देती है।

गिर रहे हैं फूल
पिता का मुँह खुलता है बार-बार
पर बोलते नहीं कुछ भी।

हम चाहते हैं पिता घर में चलें
यहाँ शीत है बहुत
पर पिता हटते नहीं हरसिंगार के नीचे से

माँ हटाती जा रही है फूल।

20.10.97

सन् उन्नीस सौ छप्पन

अभी कुछ ही दिन हुए हैं
पिता को गुजरे
हमारा माँ से मिलना-जुलना छूट-सा गया है।

वह अकेली है और हमसे दूर
वह दूर है अंधकार-सी बैठी
दिया जलाती, बुझाती......जागती।

वह अकेले में पोंछती है आँखें
शायद छोड़कर जा चुके आदमी के लिए नहीं
यहाँ-वहाँ विचर रहे अपने बच्चों के लिए भी नहीं
पोंछती है वह आँखें
उन दिनों के लिए जो सन् उन्नीस सौ छप्पन में
उसके थे।

हम उसके लिए धूल हैं या तारे
वह कुछ बताती नहीं

जब हम उसके पास होते हैं
तब भी वह देखती है उधर
जिधर नहीं होता कोई
सिवाय उन्नीस सौ छप्पन के उन दिनों के
जो कभी उसके थे।

30.12.97

अंत समय में

माँ ने कहा
वह उस चिड़िया की तरह है
जिसने दिये बहुत सारे अंडे-बच्चे
पर उसके पास कोई नहीं।

माँ ने एक किस्सा सुनाया
जिसमें एक बाँझिन स्त्री ने
अपने बच्चे के लिए
जुटा रखा था ढेर सारा शहद
खरीद रखा था, एक कजरौटा, एक मौर
एक पूरा ग्रह
और पता नहीं क्या-क्या

अंत समय में बाँझिन स्त्री
अपनी कोख और सुहाग को
कोसती मरी।

किस्सा खतम कर माँ कुछ
गाने लगी
और मैं करवट ले सोने लगा।

20.8.96

कौन किसमें

वहाँ कई चिताएँ जल रही थीं
और पहचानना मुश्किल था
कि कौन जल रहा है किसमें।

मैं बहुत देर तक असमंजस में
इधर-उधर करता खड़ा रहा कि
किसे अर्पित करें फूल, किसे हाथ जोड़ें
वह किस चिता में जल रहे हैं
जिन्हें देखने दौड़ा आया हूँ।

जलती हुई चिताओं को देखकर
नहीं जाना जा सकता कि कौन
जल रहा है किसमें।

वहाँ जो चिताएँ जल रही थीं
उनके पास कोई नहीं था
एक आदमी था धुएँ-सा स्वरूप लिये
जो उलट-पुलट कर जला रहा था
उन चिताओं को एक साथ।

उन चिताओं के अपने-अपने लोग थे
जो धीरे-धीरे दूर हट रहे थे
चिताओं की छाया से।
मैंने मन ही मन प्रणाम किया
सारी चिताओं को
जिनमें कुछ न कुछ जल रहा था
हमारा।

3.1.98

रात को

जब रात हो जाती है
जब चूने लगता है महुआ
तारों की नकल बन जाती है धरती पर
मन करता है
किसी की छाया में आराम से सोने का।

मैं अकेले नहीं जाना चाहता कहीं
इसमें मुझे बहुत भय लगता है
और मुझे बेचैनी होती है
चुपचाप पड़े रहने से
ऐसा लगता है जैसे अर्थी बगल में है
प्रतीक्षा है बस क्रियाकर्म की।

(कितना ऊबते होंगे लेनिन
लेटे-लेटे बरसों से
भिंचा हुआ है जबड़ा, लुप्त हो रही है मुस्कान
कोई उन्हें हँसा क्यों नहीं देता)

मैं जानता हूँ
मेरे भाई परदेस में खटकर
सो रहे होंगे
जब मैं जल रहा होऊँगा
महुए के नीचे
किसी की सघन छाया में रात को।

30.5.97

धरोहर

जबकि तुममें
छिपा हुआ था एक घर
मुझे लिये हुए, अजीब चीजों से भरा हुआ।
और था बहुत कुछ
तुम्हारी धुँधली आँखों में चमकता हुआ।

तुमसे मिलने के बाद
मेरा कुछ पता नहीं रहा।

तुम मेरी सुबह को शाम में घोलती हुई
चली गई हो
और मैं भरता जा रहा हूँ
तमाम उबाऊ खुशियों के विषाद से।

जबकि मैं तुममें
खो गया था संपूर्ण
जबकि तुम पालना थी मेरे लिए
गरिमा से भरी हुई
गिनाईं तुमने फिर भी मेरी कमियाँ
मेरी खराबियाँ केवल,
जो कि थीं मुझमें वाकई नहीं।

जबकि तुम समाहित थी मुझमें
इस पर भी मुझे परखा तुमने अपने हिसाब से
मैं गए जमाने की वस्तु था कोई
अनोखेपन से हीन
फिर भी तुमने मुझे न जाने कौन से
अजायबघर में छोड़ दिया

जबकि मैं पूरा खो गया था तुममें।

तब से मैं यहाँ
तुम्हारी जीर्ण-शीर्ण स्मृति हूँ आद्यन्त
ढूँढ़ेंगे लोग तुम्हें
न जाने कहाँ-कहाँ।

खोज

पता नहीं क्या खो गया है
कल शाम से लग रहा है ऐसा।

कमरे में ढूँढ़ता हूँ
बाजार में, दूकानों में
सभाओं में, अस्पतालों में खोजता हूँ
कभी न गए शहरों में
दोस्तों से चिट्ठी लिखकर पूछता हूँ
कि उनकी जानकारी में मेरा कुछ
वहाँ तो नहीं रह गया है।

याद करने की कोशिश करता हूँ
पर याद नहीं आता कि
क्या खोज रहा हूँ।

बरफ की मार खाई फसलों में
तो कुछ नहीं खो गया है, बिक चुकी
किसी किताब के बीच में
मुँद चुकी पिता की आँखों में
या पता नहीं कहाँ खो गया है कुछ

ऐसा क्या खो गया है
जिसके बिना श्रीहीन लग रहा है सब कुछ।
सोते-जागते, भागमभाग में
पता नहीं कब कैसे खो गया है
जिसे ढूँढ़ता फिर रहा हूँ

अपने भीतर भी जहाँ झाँकता हूँ

अँधेरा ही अँधेरा है फैला
कुछ भी ढूँढ़ पाना संभव नहीं
फिर भी ढूँढ़ रहा हूँ
लगातार...।

29.10.97

मुझे मालूम था

मुझे मालूम था
पहाड़ चाँदी नहीं, पत्थर के बने होते हैं
आँसू और जल बराबर नहीं होते
सारी दिशाएँ एक-सी नहीं होतीं।

तुमने मुझसे
बहुत जोड़ने-घटाने के बाद
बड़ी तकलीफ के साथ कहा कि
तुम मेरी हो
फिर मेरा कुछ भी मेरा नहीं रहा
मैं अपना सब कुछ खो बैठा
और तुम्हारा मुहताज बन गया।

फिर तुम्हें ले जाया गया वहाँ
जहाँ उम्र-भर आराम का ठेका था
नींद थी, जम्हाई थी,
तुमने वहाँ हर सवाल का अजीब
जवाब दिया जिसकी टीका की उन्होंने
अपनी सुविधा से
और तुम्हें माफ कर दिया गया।

मुझे बताया गया
बगैर इजाजत के प्रेम करने का गुनाह
मैंने किया है,
मुझे वे फैसले सुनाए गए जो
मेरी पैदाइश के बहुत पहले
ले लिये गए थे।

मैं दिक्शूल की तरह था फिर
जिधर आने से तुम बचने लगीं।
तुमने मुझे भूलने का सुख दिया
मैं भूल गया–
तुम्हारी आँखों का दुखमय रंग
अपने जीवन का अर्थ
और यह भी कि
चाँद में मेरा हक बनता है।

मुझे मालूम हुआ–
मुझे सब गलत मालूम था।

किसी ने कहा किसी से–
पृथ्वी के गहन आलोक में
एक कवि मर रहा है।

6.4.94

आएगा वह दिन

(आभा के लिए)

आएगा वह दिन भी
जब हम एक ही चूल्हे से
आग तापेंगे।

आएगा वह दिन भी
जब मेरा बुखार उतरता-चढ़ता रहेगा
और तुम छटपटाती रहोगी रात-भर।

अभी यह पृथ्वी
हमारी तरह युवा है
अभी यह सूर्य महज तेईस-चौबीस साल का है
हमारी ही तरह,

इकतीस दिसंबर की गुनगुनी धूप की तरह
देर-सबेर आएगा वह दिन भी
जब किलकारियों से भरा
हमारा घर होगा कहीं।

रात के दो बजे

मैं हवा में
ओस की तरह तुम्हें पाता हूँ।

चाँद धीरे-धीरे डूब रहा है,

ठंड से नहीं
लू से नहीं
भूख से नहीं
भय से नहीं
तुम्हारी कामना-रहित दिनचर्या से
तिरोहित हो रहा हूँ मैं।

मैं तुम्हारे लिए जंजीर बना रहा हूँ
आरामदायक और ठोस,
पत्तों की तरह सुंदर और सुखद मैं
तुम्हारा निरर्थक सुख हूँ
जिसे लिये-लिये तुम सो रही हो।

आततायी चाँद धीरे-धीरे डूब रहा है

मैं अपने को गुलाम की तरह
पा रहा हूँ
तुम्हें भी।

हमें उन सब का
शुक्रगुजार होना चाहिए
जो हमें आसमान देखने से

प्यार करने से नहीं रोकते

न ही उदास रहने और
बेकार होने से।

1.2.95

सो रहा हूँ

मेरी नींद नहीं टूट रही
बहुत पुराना और जर्जर सूर्य
अदृश्य और दृढ़ मेरा घर
अनूठी मेरी पत्नी
मेरी हिंसक प्रिया की महक
मुझे सुला रही है।

मुझे पता है कि
सब कुछ निमग्न है
मोहक घृणा में
और कभी भी किया जा सकता है मेरा अहेर
कभी भी छीना जा सकता है मुझसे मेरा देश
मेरी कविता और मेरी नींद से कभी भी
मुझे वंचित किया जा सकता है।

मुझे पता है कि
घातक स्नेह की पाँचसाला योजनाओं ने
न मुझे शोहदा बनने दिया न शूरवीर
फिर भी दो अबोध आँखों की
खनकती हुई दीप्ति और उनके लिए
गाई जा रही लोरियों के भरोसे
सो रहा हूँ मैं !

जरूरी नहीं है

जरूरी नहीं है
यह कहना कि मैं तुम्हें प्यार करता हूँ
जरूरी नहीं कि है यह कहना कि
दिन-भर भटकता हूँ मारा-मारा
और रात-भर सो नहीं पाता।

जरूरी नहीं है यह कहना
कि मन बसना चाहता है तुम्हारे साथ
जबकि ध्वस्त हो रहा हूँ
पूरी महिमा से।

चिड़ियों के लिए

मैंने कहा—
जाड़ा आ गया
और चिड़ियों के घोंसले
नहीं बन पाए अब तक।

उसने कहा—
मैं नींद हूँ, राख हूँ
आतप हूँ, आग हूँ
रोटी हूँ
तमाम घावों वाली नाव हूँ बस।

मैंने कहा फिर—
अबकी बार ठंड अधिक है
और चिड़ियों के घोंसले नहीं बन पाए
अब तक,

तुम इस जाड़े में
मेरे लिए क्या बुन रही हो ?
उसने कहा—
बर्फ-भरी रात।

मैंने कहा—
और चिड़ियों के लिए क्या बुनोगी
उसने कहा—
घोंसला।
फिर हम बिछुड़ गए
फिर उसकी चिट्ठी आई जाड़ों में
उसने लिखा था—
'चिड़ियों के लिए क्या बुनोगे तुम' ?

15.2.95

उसने कुछ नहीं पूछा

उसने मुझसे कुछ नहीं पूछा
मेरे बारे में।

मुझे चाय पिलाई अदरक वाली
साथ में अजीब मीठी-मीठी
दालमोट। बातें हुईं ऋतुओं की
रोजगार की, खिजाब की।

जब तक रहा
करती रही भीतर-बाहर
फिर अँधेरी सीढ़ियों पर
रोशनी कर छोड़ा रास्ते पर जब मैं
बढ़ गया आगे, बारजे से
रोशनी दिखाती रही जैसे
कोई बुलाता था उसे, पीछे
घर था कोई बुझ चला।

5.1.97

समुद्र की कविता

समुद्र में
दूर तक देखने पर
लगता है सामने से लहरों पर सवार
आ रहे हैं जलपोत, और डोंगियाँ,
भीषण युद्धक बेड़े

हमेशा लगता है
अभी उधर से निकलेगा कुछ न कुछ
कोई जहाजी, कोई मछुआरा, चिल्लाता हुआ
या आँख मलता सूर्य

समुद्र हजारों रहस्यों को छुपाए
कितना खुश है

12.3.99

माँ का नाच

वहाँ कई स्त्रियाँ थीं
जो नाच रही थीं, गाते हुए

वे खेत में नाच रही थीं या
आँगन में यह उन्हें भी नहीं पता था
एक मटमैले वितान के नीचे था
चल रहा यह नाच।

कोई पीली साड़ी पहने थी
कोई धानी,
कोई गुलाबी, कोई जोगन सी
सब नाचते हुए मदद कर रही थीं
एक-दूसरे की
थोड़ी देर नाचकर दूसरी के लिए
हट जाती थीं वे नाचने की जगह से।

कुछ देर बाद बारी आई माँ के नाचने की
उसने बहुत सधे ढंग से
शुरू किया नाचना
गाना शुरू किया बहुत पुराने तरीके से
पुराना गीत।
माँ के बाद नाचना था जिन्हें वे भी
जो नाच चुकी थीं वे भी अचंभित,
मन ही मन नाच रही थीं माँ के साथ

मटमैले वितान के नीचे
इस छोर से उस छोर तक नाच रही थी माँ
पैरों में बिवाइयाँ थीं गहरे तक फटीं

टूट चुके थे घुटने कई बार,
झुक चली थी कमर,
पर जैसे भँवर घूमता है
जैसे बवंडर नाचता है वैसे
नाच रही थी माँ।

आज बहुत दिनों बाद उसे
मिला था नाचने का मौका
और वह नाच रही थी बिना रुके
गा रही थी बहुत पुराना गीत
गहरे सुरों में।

अचानक ही हुआ माँ का गाना बंद
पर नाचना जारी रहा
वह इतनी गति में भी कि परबस
घूमती जा रही थी,
फिर गाने की जगह उठा
विलाप का स्वर
और फैलता चला गया उसका वितान

वह नाचती रही बिलखते हुए
धरती के इस छोर से उस छोर तक
समुद्र की लहरों से लेकर जुते हुए खेत तक
सब भरे थे उसकी नाच की धमक से
सब में समाया था उसका बिलखता हुआ गाना।

1.4.99

छूट जाता है

कुछ न कुछ
छूट ही जाता है
रास्ते में याद आती हैं
न आ सकी चीजें।

हफ्तों से चल रही होती है तैयारी
फिर भी छूट ही जाता है कुछ न कुछ।

जहाँ भी ठहरते हैं
उस घोंसले में गिर ही जाता है
हमारा कोई न कोई पंख
जिस भी पेड़ की छाया में ऊँघते हैं, वहाँ भी
जहाँ कुछ भी नहीं रहने देना चाहते वहाँ भी
कुछ न कुछ छूट ही जाता है।

जैसे कापियाँ खाली छूट जाती हैं
नींव के ऊपर नहीं उठ पाते घर
अप्सराएँ, जुवतियाँ, मित्र, प्रेम, सरलता,
न चाहते हुए भी छूट जाते हैं राह में।

देह की गंध रह जाती है
धरती पर जैसे कटाई के बाद
छूट जाता है हँसुआ कभी-कभी खेत में।

रास्ते में छूट जाते हैं गुजरने के निशान
धूल चाहकर भी उन्हें नहीं मेट पाती।

4.9.97

●●●